Altar de Muertos

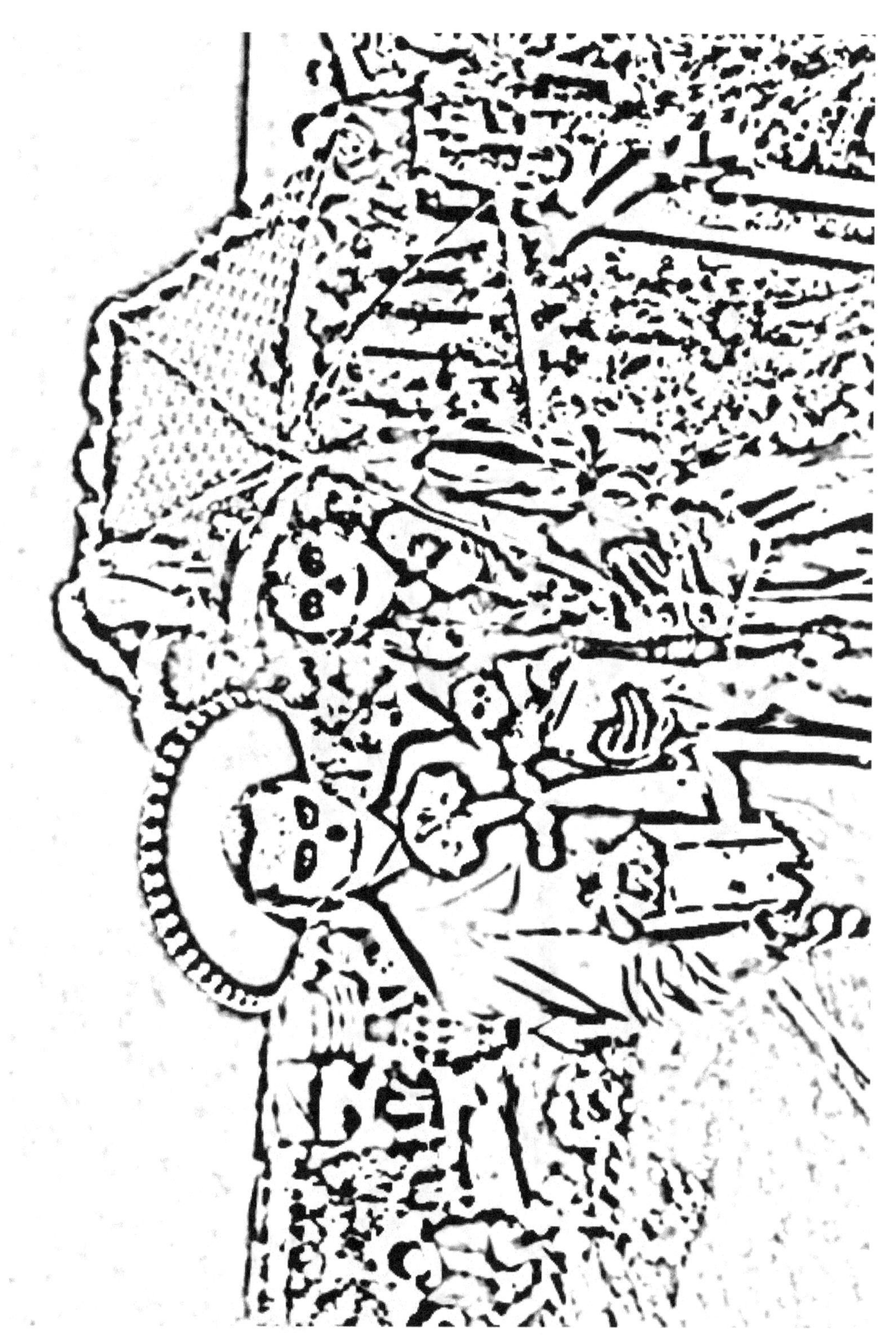

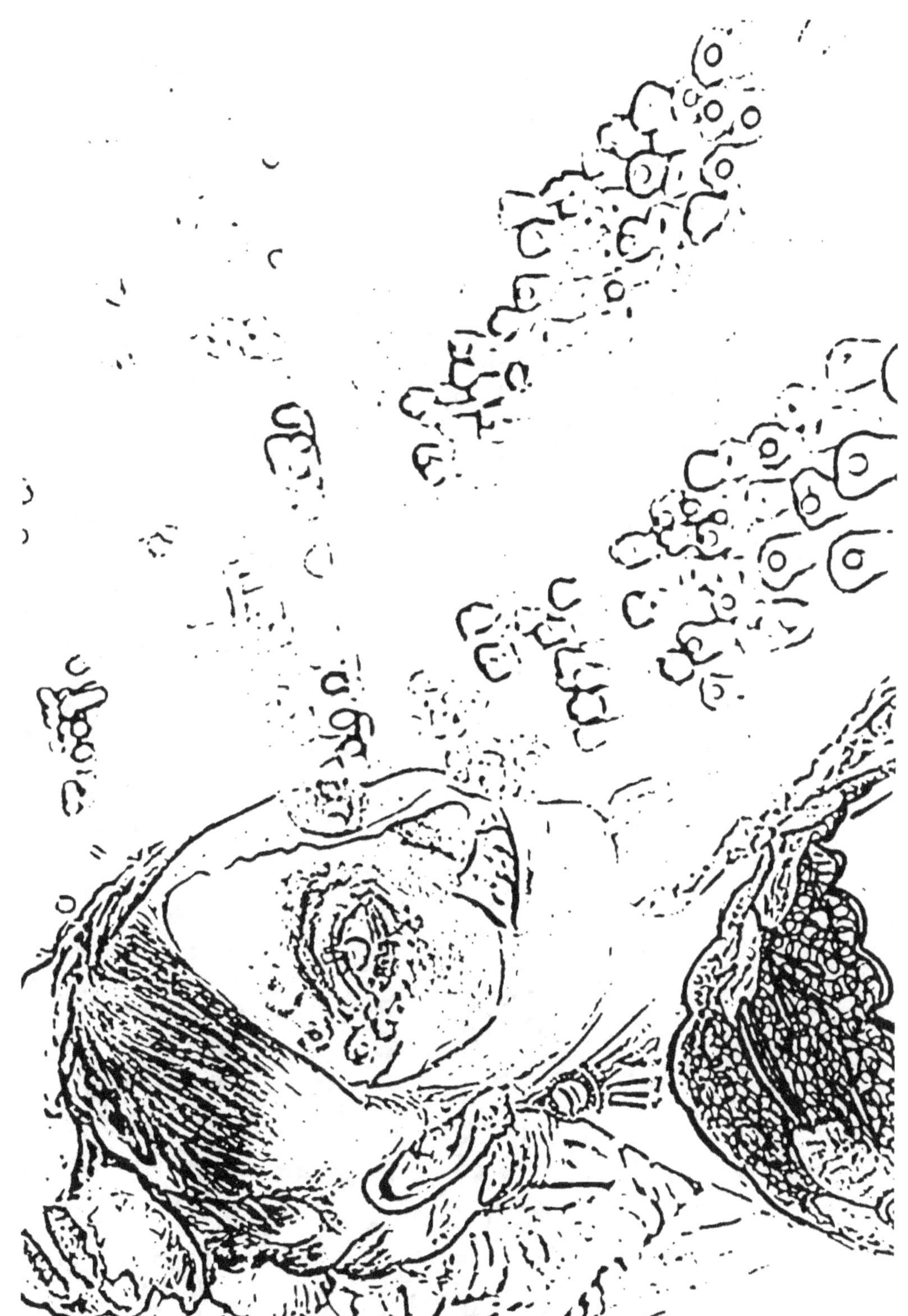

POSADA

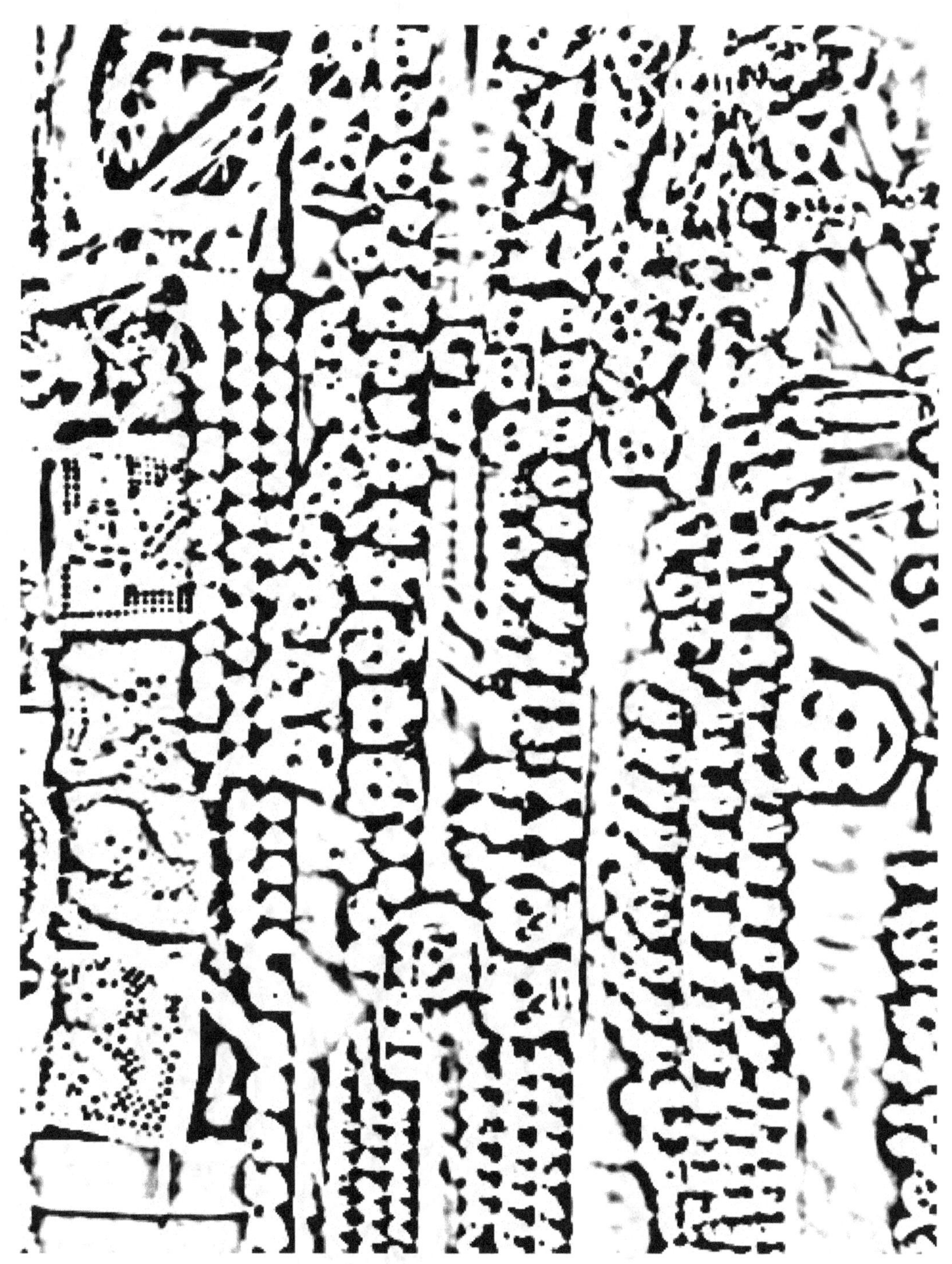

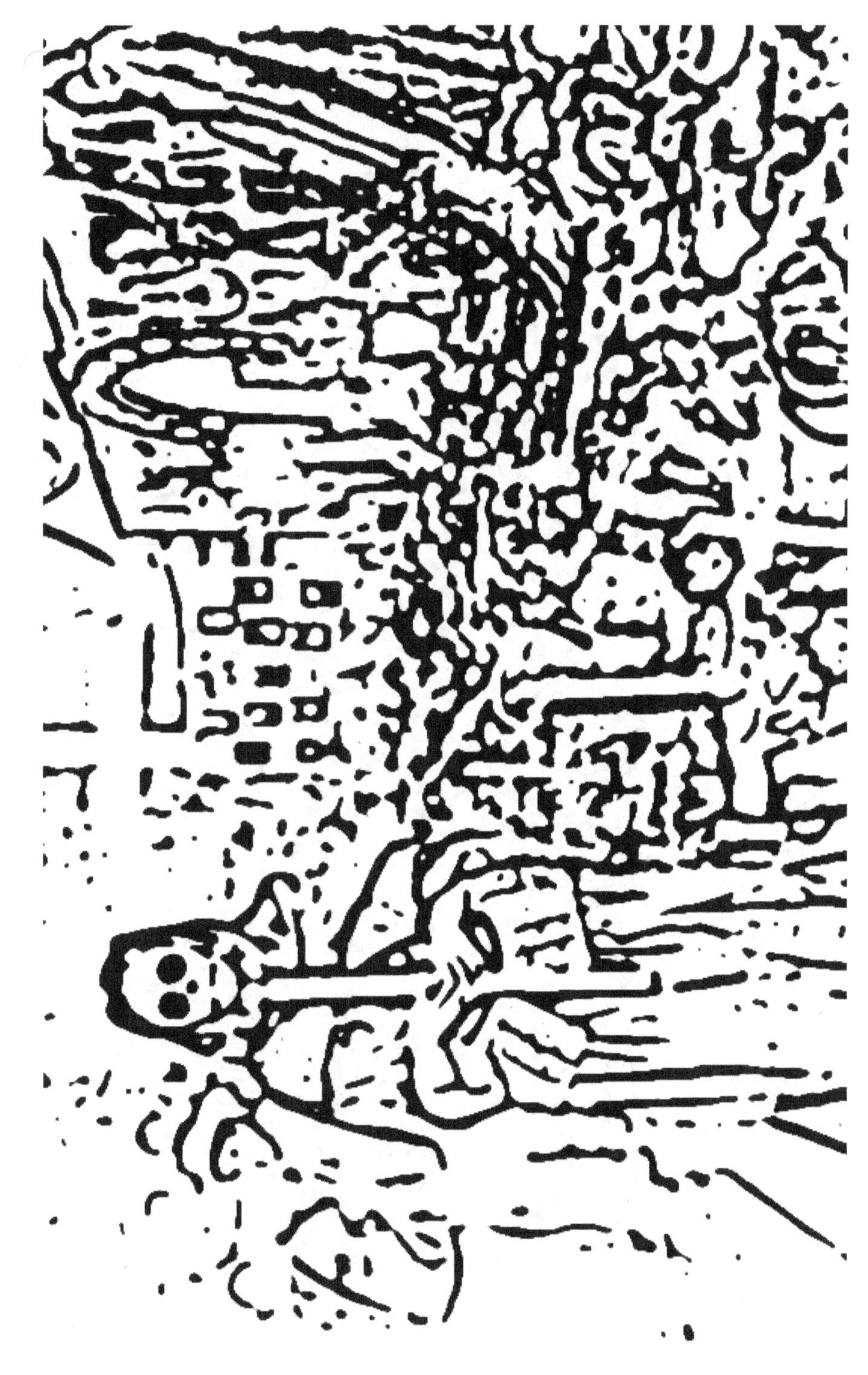

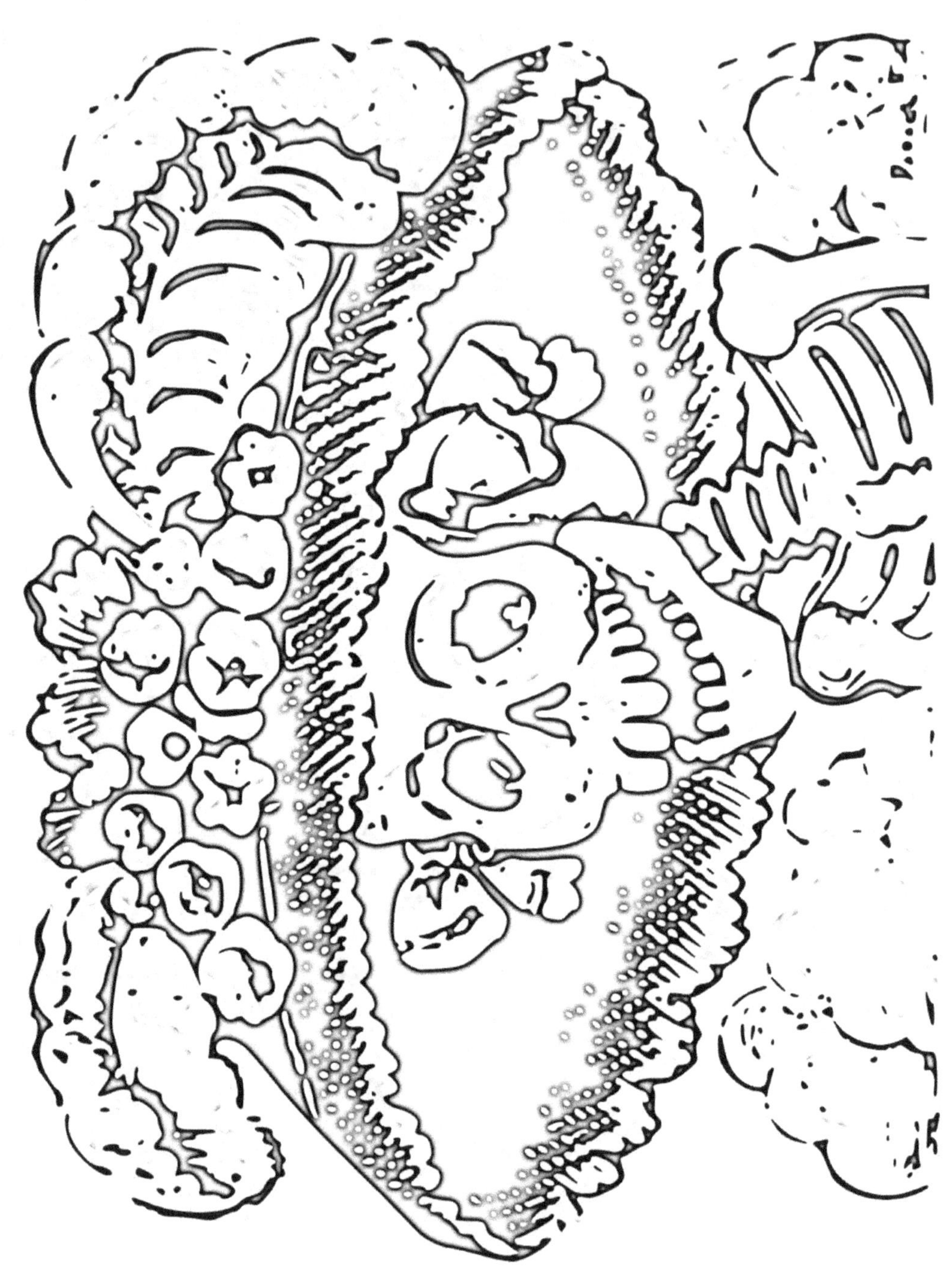